D0786621

GALLETA PARA PERROS

Título original: Dog Biscuit

Publicado por acuerdo con Random House Children's Books

Provença, 101 - 08029 Barcelona
info@editorialjuventud.es
www.editorialjuventud.es

Traducción castellana de Teresa Farran
Primera edición, 2008
ISBN 978- 84-261-3705-0
Núm. de edición de E. J.: 12.062

Printed in Singapur

GALLETA PARA PERROS

Helen Cooper

editorial juventud
Barcelona

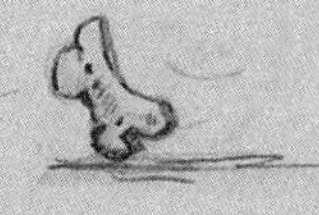

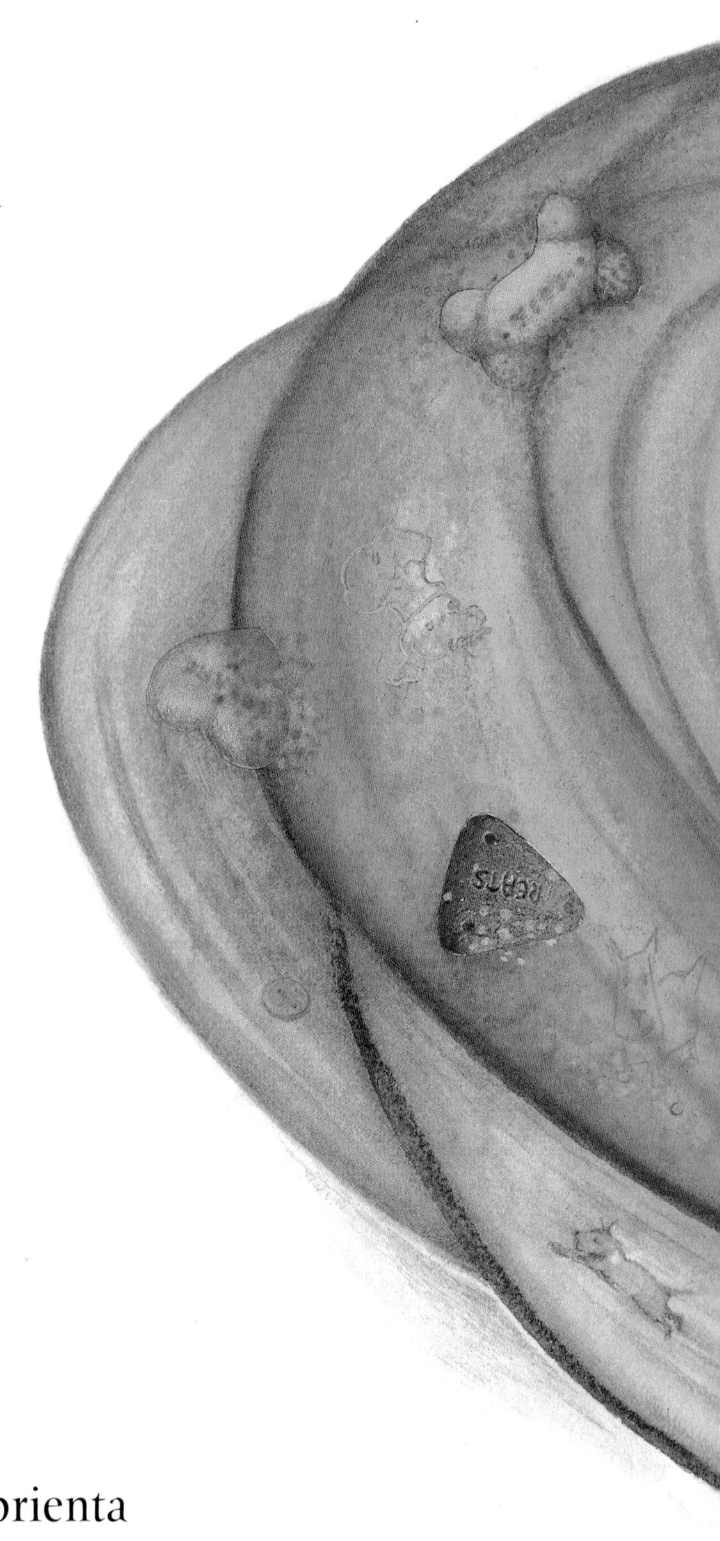

Emma estaba hambrienta
y en el cobertizo encontró galletas.
Eran galletas para perros.
Pero se comió una ella.

¡ERA DULCE Y SALADA AL MISMO TIEMPO!

Y ESTABA BUENA

¡Qué tonta!

Allí la encontró la señora Ruiz, la vecina,
cuando aún tenía en los labios alguna miga.
–¡Ay caramba! –dijo–, ¡pero qué veo!
Ahora harás «guau guau» y serás un perro.
–No se lo diga a mamá –le rogó Emma.
Ojalá no hubiera comido esa galleta.

–No diré nada –dijo la señora Ruiz, y le hizo un guiño.

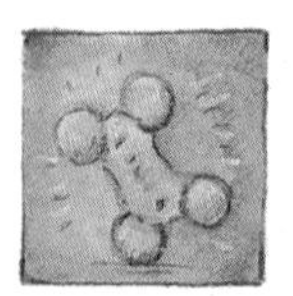

El perro de la señora Ruiz, Coco, hizo lo mismo.

Y Emma pensó
que le decía:

La mamá de Emma todavía tardó.
Mientras la esperaba, Emma sintió
que las orejas le ardían.
¡Quizás era que le crecían!

Mamá no lo notó,
y Emma no se lo contó.
La señora Ruiz las despidió con la mano,
Coco meneó el rabo
y Emma respondió meneando su nueva cola.

De camino a casa,

se detuvieron en la carnicería.

Emma husmeó el aire, e intentó hacer unos **«guaus»**.

El carnicero le dijo a mamá con una sonrisa:
«Se porta bien esta cachorrita».
Esto sin duda era una prueba.
¡Ojalá no hubiera comido esa galleta!

Mamá aún no lo notaba.
Emma no se lo contaba.
Pero derramó la leche durante la cena,
y engulló la salchicha y royó la chuleta,
y su hermano también participó,
hasta que papá gritó:

«¡Es como COMER con una manada de PERROS!»

A la hora del baño, Emma era un perro salvaje.

A la hora de irse a la cama, más salvaje se volvió.

A la hora del cuento, se portó tan mal, que papá desistió.

Mamá aún no lo notaba.
Emma no se lo contaba.
Pero cómo deseaba,
al acurrucarse en la cama,
no haber comido esa galleta.

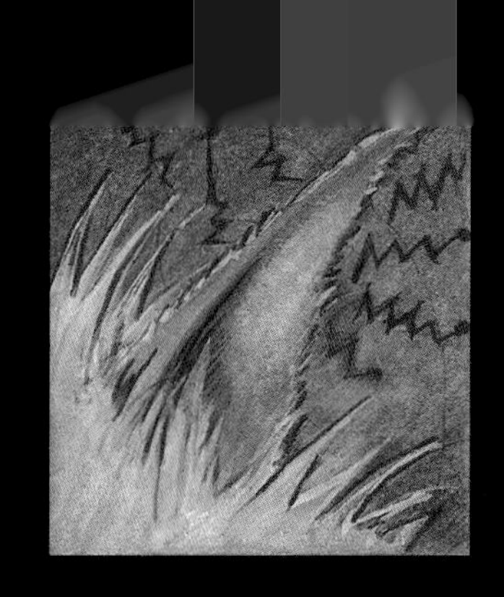
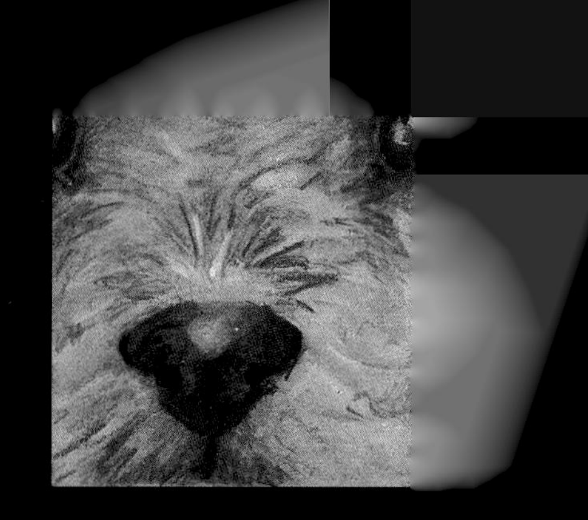

Por la noche, a Emma la despertó un ruido
cuando la luna aún no había aparecido.
Oyó que afuera había alguien,
y como un perro salvaje husmeó el aire.

Era Coco, que la estaba llamando:

“Es hora de divertirse.”

Y
Emma salió.

Retozó en la penumbra
con el perro de la vecina.

Dieron volteretas
sobre el arriate de hortalizas.

Luego Coco
saltó la cerca.
Emma también…

Y el viento
de la noche
la
hizo
volar
hasta el
parque
para correr,
y ladrar
con los
otros
perros
salvajes.

Les prometieron
a Emma y a Coco
un banquete de lobos
a medianoche.
La manada salvaje
subió por el parque
hasta el quiosco,
los columpios
y el estanque.

Cuando la luna apareció encima del parque,
el quiosco se transformó en un gran pastel de carne.

Y de las estrellas llovían
celestiales salchichas.

Y cuando se hartaron bebieron leche merengada
del estanque que la luna iluminaba

y Emma estaba contenta de haber comido esa galleta…

HASTA QUE. . .

Pensó en el bebé,
en su mamá y en su papá.
Tener a un perro como hija
los entristecería.
Miró la gran luna en el cielo:
parecía una galleta de perro.

Y
AULLÓ
tan
tan
FUERTE,
hizo
tanto
RUIDO,

que la luna EXPLOTÓ y el cielo CAYÓ.

Los perros se habían ido.
La luna había desaparecido.
Emma estaba en su cama
con una mamá que sí notaba
que algo pasaba.
Por eso, finalmente...
Emma le contó lo de la galleta.

–La señora Ruiz bromeaba –dijo mamá.
–¡No! ¿No lo ves? –Emma sollozaba.
–No muy bien. Está oscuro –dijo Mamá sonriendo–,
pero tú hueles como mi pequeña niña.
Podríamos acurrucarnos como cachorros,
ahora las dos en la cama,
y la señora Ruiz ya nos dirá qué hacer mañana.

Al día siguiente, Emma se volvió a sentir una niña, pero de todas maneras fueron a casa de la vecina.

La señora Ruiz le dijo:
–¡Pues claro que era broma!
Siento que te hayas preocupado.
Vamos a tomar un té y buscaré
mi caja de galletas para personas.

Todo arreglado.

Y Coco también comió una.

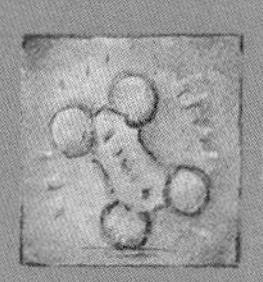

¡Galletas para Personas!

Ingredientes

- 125 g de mantequilla
- 100 g de azúcar moreno
- 1 cucharada de miel
- 1 yema de huevo
- 350 g de harina
- 1 cucharadita de jengibre molido
- 1 cucharadita de mezcla de especias[1]
- 1 cucharadita de bicarbonato sódico
- Glaseado y caramelos para decorar

1. *Canela, nuez moscada, clavos en polvo.*

Bate la mantequilla y el azúcar en una fuente hasta que la mezcla sea de color claro y esté cremosa.

Luego bate la yema de huevo con la miel.

Añade esa mezcla a la mantequilla y al azúcar y mézclalo bien.

Mezcla la harina, el bicarbonato, el jengibre y las especias.

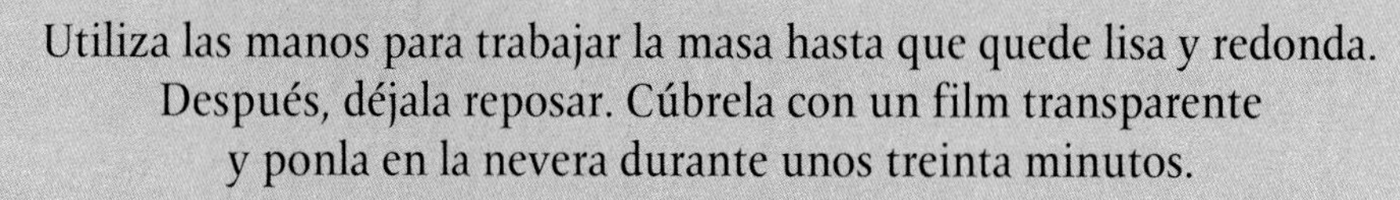

Utiliza las manos para trabajar la masa hasta que quede lisa y redonda. Después, déjala reposar. Cúbrela con un film transparente y ponla en la nevera durante unos treinta minutos.

Mientras tanto, engrasa la bandeja para hornear, precalienta el horno a 180 °C y enharina la mesa de trabajo. Estira la masa con un rodillo hasta conseguir un espesor de 4 mm. Ahora puedes recortar las galletas con el molde en forma de persona. (Evita los moldes en forma de hueso. Nunca se sabe qué podría pasar.)

Coloca tus personitas en la bandeja del horno, espaciándolas unos 3 cm la una de la otra, y déjalas cocer unos 10 minutos, o hasta que estén de color canela. Sácalas de la bandeja, deja que se enfríen, y después podrás decorarlas con un glaseado ¡o con golosinas para personas!